Inhalt

Trendfarbe Grün - Umweltmanagement ist en vogue in allen Branchen

Kernthesen

Beitrag

Fallbeispiele

Weiterführende Literatur

Impressum

# Trendfarbe Grün - Umweltmanagement ist en vogue in allen Branchen

Harald Reil

Kernthesen

- Angesichts von Naturkatastrophen und des drohenden Klimakollapses führt an konsequentem Umweltmanagement kein Weg mehr vorbei.
- Glokalisierung setzt zwar nach wie vor auf Globalisierung, will aber lokale Besonderheiten für die energieeffiziente Produktion nutzen.
- Der Mittelstand ist in punkto Umweltmanagement oft innovativer als Großkonzerne. In einigen Fällen hat er

sogar eine lange Tradition.

Beitrag

Umweltfragen werden das Jahrhundert in Atem halten

Deutschland wird immer grüner. Das lässt sich in der Politik feststellen, aber auch mehr und mehr Unternehmen verpassen sich in diesen Zeiten, die von Klimaerwärmung sowie großen Natur- und Technikkatastrophen geprägt wird, gerne einen grünen Anstrich. Und es scheint, als könnte dieser Trend zu nachhaltigem Umweltmanagement tatsächlich von Dauer sein. Natürlich hat die Vergangenheit bewiesen, dass Zukunftsforscher mit ihren Prognosen meist kläglich auf die Nase fallen; doch was das Stichwort Umweltschutz betrifft, muss man wirklich kein Prophet sein, um vorauszusagen, dass dieses Thema ganz sicher das Jahrhundert in Atem halten wird. Schließlich liegen die Fakten klar auf der Hand: Im Jahr 2050 werden rund neun Milliarden Menschen den Erdball bevölkern. Sie werden sich immer knapper werdende Ressourcen teilen müssen; ihr Energiehunger wird sich nicht drosseln lassen. Wenn wir so weiter machen wie bisher – die Internationale Energieagentur verzeichnete im vergangenen Jahr einen Rekordwert an CO2-Emissionen von 30,6 Milliarden Tonnen weltweit – wird es zu Katastrophen kommen, die weitaus furchtbarer sein werden als die, die wir jetzt schon kennen. Also noch einmal: Unternehmen, die ein ausgeklügeltes Umweltmanagement betreiben, liegen voll im Trend. (1)

Kongress in Braunschweig: 180 Experten diskutieren über Glokalisierung

Eines der Stichworte in diesem Zusammenhang heißt Glokalisierung – ein Wort oder vielmehr ein Konzept, das versucht, Globalisierung und Regionalität zusammenzudenken. Ausgedeutscht lässt sich der Begriff auch folgendermaßen umschreiben: Großunternehmen produzieren zwar nach wie vor für den Weltmarkt, nutzen aber regionale Besonderheiten, um ihre Waren ohne Einbußen von wirtschaftlicher Rentabilität nachhaltiger herzustellen. Wie sehr Glokalisierung im Trend liegt, zeigt auch das Symposium, das im April dieses Jahres die Internationale Akademie für Produktionstechnik (CIRP) in Braunschweig ausgerichtet hat. Dort präsentierten rund 180 Experten aktuelle Studien zum

Thema und debattierten darüber, auf welche Weise sich die weltumspannende Versorgungskette zwischen Rohstoffen, Produktionsbedingungen, Serviceangeboten und Wiederverwertung im Hinblick auf die bestmögliche Ausnutzung regionaler Produktionsstandorte optimieren lässt. Im Mittelpunkt der Diskussion stand die effiziente Energieausnutzung. Ein Beispiel: In Australien bietet sich dank der intensiven Sonneneinstrahlung die Solarenergie für eine nachhaltige Produktion an; in Deutschland ist es dagegen die Windenergie. (2)

Initiativen querbeet über alle Branchen

Dass konsequentes Umweltmanagement sich aber nicht auf bestimmte Industrien und Dienstleistungsunternehmen beschränkt, sondern eine Bewegung ist, die sich querbeet durch alle Branchen auszubreiten scheint, zeigt die Vielzahl von Initiativen. Bei den deutschen Handelsketten ist es zum Beispiel die REWE Group, die neben ihrem nachhaltig produzierten Warenangebot auch auf konsequentes Umweltmanagement setzt. Der Konzern hat sich dazu verpflichtet, seine CO_2-Emissionen bis zum Jahr 2015 um mindestens dreißig Prozent zu senken. Um dieses ehrgeizige Ziel zu verwirklichen, setzt REWE auf Ökostrom für seine rund 6 000 Filialen und Reisebüros sowie auf die Installation von Solaranlagen. (3)

Auch die Maschinenbaubranche hat sich den Nachhaltigkeitsgedanken auf die Fahnen geschrieben. So wird derzeit untersucht, mit welchen Maßnahmen man den Energieverbrauch der Maschinenparks weiter drosseln kann. Dazu zählt neben dem Einsatz von effizienteren Motoren vor allem auch ein besseres Maschinenmanagement. Experten schätzen, dass sich der Strombedarf zum Beispiel um rund 37 Prozent verringern ließe, würden die Motoren im Leerlaufmodus nur richtig verwaltet. Der Energiekonsum der Schaltzentralen könnte sich um rund 65 Prozent senken lassen, wenn während des Leerlaufs Hintergrundleuchten und Signallampen abgeschaltet würden. LED-Lampen brächten weitere Energiesparvorteile. Eine Vielzahl von Maßnahmen bis hin zu Verhaltensänderungen bei den Mitarbeitern wurde analysiert. Der Stromverbrauch des Gesamtsystems könnte sich, so das abschließende Ergebnis, bei intelligentem Energiemanagement um bis zu 35 Prozent verringern. Vor diesem Hintergrund ist Energieeffizienz für viele Unternehmen pure Notwendigkeit. Da trifft es sich gut, dass inzwischen Produkte von Unternehmen, die auf Grün setzen, eine höhere Akzeptanz im Markt haben. Schonung von Klima und Umwelt ist daher mehr als eine erfolgreiche Differenzierungsstrategie.

Trends

Kirschkerne als Schleifmittel, Gummi aus Löwenzahn, Tierfette für die Industrie...

Die Experten, die auf dem CIRP-Kongress das Zukunftsthema Glokalisierung diskutierten, setzten sich neben effizienterer Energieausnutzung auch mit dem Trendthema natürliche Rohstoffe auseinander. Im Mittelpunkt der Diskussionen standen daher auch lokal verfügbare Ressourcen, die bisher verwendete Rohstoffe ersetzen könnten. Die metallverarbeitende Industrie arbeitet beispielsweise vorzugsweise mit Kühlschmierstoffen, die auf Mineralöl basieren. Diese ließen sich durch Schmierstoffe substituieren, die sich aus der Jatropha-Pflanze gewinnen lassen - ein Gewächs, das in Afrika, Asien und Amerika im sogenannten Sonnengürtel der Erde in rauen Mengen vorkommt. Überhaupt sind die Gaben, welche die Natur liefert, in vielen Fällen prädestiniert dafür, um traditionelle Produkte abzulösen: Kirschkerne lassen sich zum Beispiel zu Schleifmitteln für Oberflächenbehandlungen verarbeiten; aus

Löwenzahn kann man Gummi gewinnen; herkömmliche hocheffiziente Industriefette könnten durch tierische Fette gleichwertig ersetzt werden. (2)

Fallbeispiele

Osnabrücker Spedition Meyer & Meyer überzeugt durch E-LKW

Kein Unternehmen wird auf Dauer an dem Thema Umweltmanagement vorbeikommen. Wie es geht, zeigt die Spedition Meyer & Meyer, die den diesjährigen Eco Performance Award, einen Preis für Transportunternehmen, gewonnen hat. Die Osnabrücker Firma zeichnete sich durch ihr Gesamtkonzept aus, überzeugte aber vor allem durch ihren Einsatz von E-LKW. Damit beteiligte sich das Unternehmen am Pilotprojekt Euro City Logistik (ECL), einer Initiative des Bundesministeriums für Verkehr, Bau und Stadtentwicklung. Die mit Strom betriebenen Fahrzeuge, die eine Reichweite von 180 bis 220 Kilometern haben, bevor sie wieder an die Zapfsäule müssen, sparen pro Gefährt und Jahr 21 440 Kilogramm an CO_2-Emissionen ein. Das entspricht einer Reduktion von über 99 Prozent im Vergleich mit dem Kohlendioxid-Ausstoß von vergleichbaren dieselbetriebenen LKW. (5)

Mittelständler Seger Transporte: Lange Tradition von Umweltmanagement

Auch den Mittelstand hat die Nachhaltigkeitsbewegung bereits erfasst, selbst wenn er es mit seinen Umweltmanagement-Aktionen schwerer als Großunternehmen hat, das Interesse einer größeren Öffentlichkeit zu wecken. In einigen Fällen können Mittelständler sogar auf eine lange Tradition von nachhaltigem Wirtschaften zurückblicken. Das Entsorgungsunternehmen Seger Transporte im fränkischen Münnerstadt ist dafür ein gutes Beispiel. Einige Stationen der Firma auf dem Weg zum grünen Unternehmen: Seger verwendet bereits seit 1990 Öko-Büromaterial; seit 1995 setzt die Firma Biodiesel für ihren Fuhrpark ein; 2001 installiert sie die erste Blockheizkraftanlage für die Erzeugung von Strom und Wärme; 2006 rüstet das Unternehmen 15 seiner LKW auf den Betrieb mit Pflanzenöl um; seit 2008 bezieht die inhabergeführte Firma von Greenenergy zu hundert Prozent Ökostrom; seit vergangenem Jahr setzt sie auf ein konsequentes Einsparprogramm von Kohlendioxid mit dem erklärten Ziel, bis 2020 ein CO_2-neutrales

Unternehmen zu werden. (4)

Weiterführende Literatur

(1) Die grünen Seiten der Technik zum Tag der Umwelt
aus VDI NR. 22 VOM 03.06.2011 SEITE 17

(2) "Glokalisierung" stärkt nachhaltige Produktion
aus VDI NR. 22 VOM 03.06.2011 SEITE 17

(3) Mehr als Öko, Grün und Bio
aus Lebensmittel Praxis Heft 11/2011, Seite 26

(4) Grüner Mittelstand
aus Verkehrs Rundschau, Heft 16/2011, S. 28

(5) Grüner durch Elektro antrieb und Solarstrom
aus DVZ, Nr. BGRL vom 24.05.2011

(6) Chancen für mehr Energieeffizienz Moderne Technologien ermöglichen Maschinenbauern maximale Ergebnisse mit minimalen Ressourcen.
aus KOPRA Nr. Spezial vom 20.05.2011

Impressum

Trendfarbe Grün - Umweltmanagement ist en vogue in allen Branchen

Bibliografische Information der deutschen Nationalbibliothek

Die Deutsche Nationalbibliothek verzeichnet diese Publikation in der deutschen Nationalbibliografie; detaillierte bibliografische Daten sind im Internet über http://dnb.d-nb.de abrufbar.

ISBN: 978-3-7379-1522-9

© 2015 GBI-Genios Deutsche Wirtschaftsdatenbank GmbH, Freischützstraße 96, 81927 München, www.genios.de

Alle Rechte vorbehalten. Dieses Werk ist einschließlich aller seiner Teile – z.B. Texte, Tabellen und Grafiken - urheberrechtlich geschützt. Jede Verwertung außerhalb der Grenzen des Urheberrechtsgesetzes bedarf der vorherigen Zustimmung des Verlags. Dies gilt insbesondere auch für auszugsweise Nachdrucke, fotomechanische

Vervielfältigungen (Fotokopie/Mikroskopie), Übersetzungen, Auswertungen durch Datenbanken oder ähnliche Einrichtungen und die Einspeicherung und Verarbeitung in elektronischen Systemen.